en Zerna

FADENGRAFIK -
NEU ENTDECKT

frechverlag

Im frechverlag sind zu vielen weiteren kreativen Techniken Bücher erschienen. Hier eine Auswahl:

TOPP 2007

TOPP 2221

TOPP 1950

TOPP 2057

TOPP 2163

TOPP 2166

Wir danken der Firma Rayher Hobby GmbH für die freundliche Unterstützung.

Fotos: frechverlag GmbH + Co. Druck KG, 70499 Stuttgart;
Fotostudio Ullrich & Co., Renningen

Dieses Buch enthält:
1 Vorlagenbogen

Auflage: 5. 4. 3. 2. 1. | Letzte Zahlen
Jahr: 2002 2001 2000 1999 98 | maßgebend

© 1998

frechverlag GmbH + Co. Druck KG, 70499 Stuttgart

ISBN 3-7724-2395-7 · Best.-Nr. 2395

Druck: frechverlag GmbH + Co. Druck KG, 70499 Stuttgart

FADENGRAFIK –
EINE „SPANNENDE" ANGELEGENHEIT

Die neu entdeckte Fadengrafik ist im wahrsten Sinne des Wortes eine „spannende" Angelegenheit. Denn durch das Spannen von Fäden zaubern Sie überraschend einfach und schnell reizvolle Motive. So können Sie Ornamentales, Gegenständliches und sogar räumliche Visionen auf Papier bannen. Mit geringem Materialaufwand und preisgünstigen Materialien entstehen sehr dekorative Motive, die die unterschiedlichsten Anwendungen ermöglichen. Karten, Bucheinbände, Lesezeichen oder dekorative Dosen und noch vieles mehr können Sie mit dieser Technik verzieren. Lassen Sie sich verführen von Nadel und Faden, und entdecken Sie, welch erstaunliche Dinge beim Spannen farbiger Garne entstehen.

MATERIAL UND HILFSMITTEL

- ⌃ Weißer Zeichenkarton und Tonkarton in verschiedenen Farben
- ⌃ Tonpapier in verschiedenen Farben
- ⌃ Brief- und Klappkarten unterschiedlicher Größe
- ⌃ Farbige Nähgarne
- ⌃ Häkelgarn
- ⌃ Paketschnur oder Sattlergarn
- ⌃ Ahle oder Radiernadel
- ⌃ Nähnadel
- ⌃ Stopf- oder Sticknadel
- ⌃ Holz- und Glasperlen
- ⌃ Klebestift o. ä.
- ⌃ Lineal oder Geodreieck
- ⌃ Zirkel
- ⌃ Schere und Cutter mit Schneideunterlage
- ⌃ Bleistift
- ⌃ Eventuell Rahmen und Schachteln aus Pappmaché
- ⌃ Eventuell alte Zeitschriften

ALLGEMEINES

Alle Fadengrafiken sind Kombinationen dreier Grundmuster: Bogen, Winkel und Kreis. Die Optik dieser reizvollen Technik entsteht durch das stückweise Versetzen eines schnurgerade gespannten Fadens. Da sich Nähgarn, Nadeln und vielleicht auch eine Briefkarte in jedem Haushalt finden, kann man ohne große Einkäufe beginnen.
Die Technik des Fadenspannens ist leicht erlernbar und bietet bereits Kindern die Möglichkeit, einfache Motive erfolgreich nachzuarbeiten. Wer vorab ein wenig üben will, kann die Methode mit Bleistift auf Papier einfach mal ausprobieren.

Es lassen sich besonders Dinge aus starkem Papier bzw. aus Tonkarton gestalten: Karten für jeden Anlaß, Bucheinbände, Schachteln, Wand- und Fensterschmuck usw.

Geeignet ist jede Art von Karton, sowohl Zeichen- als auch Foto- und Tonkarton. Besonders praktisch sind farbige Briefkarten unterschiedlichster Formate, die in jedem Schreibwaren- und Bastelfachgeschäft erhältlich sind.

Sehr gut lassen sich Dosen aus Pappmaché gestalten, die es im gut sortierten Bastelfachhandel in verschiedenen Größen gibt. Die im Naturton belassenen Schachteln haben Deckel aus zwei Teilen, so daß man die Fadengrafik dazwischenklemmen kann. Der Deckelrand bildet gleichzeitig einen Rahmen. Außerdem hat man noch die Möglichkeit, die Dose passend zum Motiv farblich zu gestalten.

GRUNDPRINZIP

Die reizvollen Objekte entstehen alle nach dem gleichen Prinzip. Mit Transparentpapier wird die Stechvorlage in Originalgröße abgenommen und auf das entsprechende Papier übertragen.

Die Art und Weise des Fadenspannens wird durch Zahlen vorgegeben. Für alle Objekte in diesem Buch gibt es eine Vorlage zum Stechen in Originalgröße auf dem Vorlagenbogen, nur wenige, kleine Motive finden Sie direkt im Buch auf den entsprechenden Seiten. Die Zahlen für das Spannen sind teilweise in der originalgroßen Stechvorlage und teilweise in vergrößerten Ausschnitten angegeben, damit das Nacharbeiten übersichtlich ist. Die Zählvorlagen erscheinen vielleicht beim ersten Hinsehen kompliziert, sind es aber nicht. Wenn man das Prinzip nach ein paar Fäden verstanden hat, braucht man die Zahlen oft nicht mehr.

Das Spannen der Fäden erfolgt nach zwei verschiedenen Zählvorlagen. Entweder sind alle Zahlen doppelt vorhanden, und es werden immer die Punkte, die die gleiche Zahl tragen, verbunden. Oder die Punkte sind fortlaufend numeriert, in der jeweiligen Anleitung sind dann die zu verbindenden Zahlen angegeben. In beiden Fällen wird der Faden um einen Punkt versetzt im Uhrzeigersinn gespannt.

Nach welchem Prinzip gearbeitet wird, ist jeweils am Anwendungsbeispiel vermerkt. Bei Abweichungen dieser zwei Varianten ist dies direkt in der Anleitung angegeben.

Da die Fadengrafiken ornamentalen Charakter haben, ist bei den Vorlagen mit Zahlen für die Spannrichtung oft ein Segment vorgegeben, welches sich dann mehrmals wiederholt.

TIPS ZUM VORGEHEN

Um das auf Transparentpapier übertragene Motiv auf den Karton zu übertragen, ist eine Ahle oder Radiernadel (Werkzeug des Grafikers zum Herstellen einer Radierung) notwendig. Sie können auch eine starke Nadel mit großem Kopf, z. B. von einer Strickliesel, verwenden.

Das Arbeiten auf einer Unterlage ist zu empfehlen (schon eine alte Zeitschrift

ist ausreichend). Alle angegebenen Punkte werden durch das Transparentpapier auf den ausgewählten Karton gestochen.

Die feinen Markierungen, die Sie so erhalten haben, werden nun mit einer Stopf- oder Sticknadel sauber durchstochen. Das geht am besten, wenn Sie den Karton frei in der Luft halten. Bei dieser Arbeit sollte man Kindern im Grundschulalter auf alle Fälle helfen, damit sie sich nicht stechen. Optimal ist eine Nadelstärke, die solche Löcher hinterläßt, durch welche die Nähnadel später hindurchgleiten kann, ohne am Papier Spuren zu hinterlassen. So erreicht man ein feines und sauberes Bild der Fadengrafik.

Die Rückseite der Fadengrafiken ist nicht zum Vorzeigen geeignet. Die meisten Anwendungsbeispiele im Buch sind so angelegt, daß die Rückseite nicht sichtbar ist. Bei Objekten, wo das nicht möglich ist, überklebt man diese Seite mit einfachem Tonpapier gleicher Farbe.

Sie arbeiten am besten, wie bei Näharbeiten auch, mit einem Faden von ca. 60-70 cm Länge, da längeres Garn sonst Knoten bildet, die Sie ständig lösen müssen. Den ersten Faden sollten Sie mit einem Schlingenknoten sichern. Sie können dann in die entstandene Schlinge stechen und so den Faden auch auf der Rückseite spannen. Dadurch verhindern Sie, daß der Knoten durch das kleine Loch im Karton rutscht und die bereits erarbeitete Fadengrafik verdirbt.

Ein mehrmaliges Aneinanderknoten von Fäden auf der Rückseite ist im Verlauf der Arbeit immer notwendig. Der

Knoten sollte immer zwischen zwei Löchern liegen, so daß er von der rechten Seite nicht sichtbar ist. Praktisch ist hier der sogenannte Sackstichknoten, bei dem die parallel liegenden Fadenenden zu einem Knoten verschlungen werden.

Es eignen sich alle nur erdenklichen Garne, die durch ein Nadelöhr passen; selbst feine Paketschnur läßt sich verarbeiten. Durch den Einsatz unterschiedlicher Garne kann man ein und dasselbe Motiv immer wieder anders entstehen lassen. Wenn Sie auch noch den Untergrund verändern, können Sie schnell noch weitere Effekte erzielen.

Sehr reizvolle Varianten entstehen auch, wenn Sie innerhalb einer Arbeit mehrere Farben verwenden.

KLASSIFIZIERUNG

Um das Nacharbeiten der Objekte zu erleichtern, sind die einzelnen Beispiele mit einem Zeichen versehen, welches die geforderte Geschicklichkeitsstufe angibt:

für Anfänger	✳
für Geübte	✳ ✳
für Geduldige	✳ ✳ ✳

SO ENTSTEHT EINE FADENGRAFIK

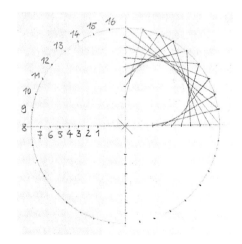

1. Pausen Sie vom Vorlagenbogen bzw. direkt aus dem Buch die Stechvorlage auf weißes Transparentpapier ab.

2. Legen Sie das Transparentpapier auf den gewünschten Karton. Nun übertragen Sie die Spannpunkte mit Hilfe einer Radiernadel oder Ahle durch den Entwurf auf den darunterliegenden Karton.

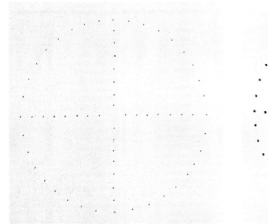 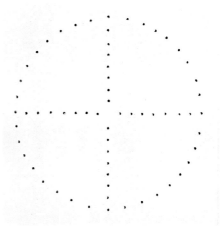

3. Entfernen Sie das Transparentpapier. So sieht der vorbereitete Karton aus.

4. Mit einer starken Nadel (Stopf- oder Sticknadel) werden die Löcher sauber durchstochen.

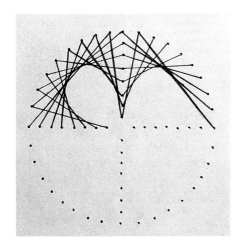 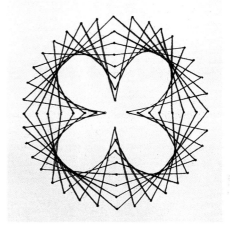

5. Die Fäden werden nun, wie in der Anleitung angegeben, gespannt.

6. So sieht die fertige Fadengrafik aus.

BUCHHÜLLE MIT LESEZEICHEN *

Die originalgroße Vorlage zum Durchstechen für die Buchhülle finden Sie auf dem Vorlagenbogen, die Spannvorlage für das Lesezeichen ist auf dieser Seite abgebildet.

Material:
🠕 *Tonkarton in Schwarz, Weiß, Rot*
🠕 *Tonpapier in Schwarz, Weiß*
🠕 *Nähgarn in Schwarz, Weiß, Rot*

LESEZEICHEN

Aus schwarzem oder weißem Tonkarton schneiden Sie einen 6 x 17 cm großen Streifen zu und plazieren das Motiv in dessen oberer Hälfte. Um die Rückseite zu verdecken, können Sie aus Tonpapier entweder einen zweiten Streifen in der gleichen Größe oder ein Quadrat von 6 x 6 cm zuschneiden. Damit können Sie die Rückseite sauber bekleben.

BUCHHÜLLE

Die Größe des Tonkartons hängt von der Größe des Buches, für welches Sie den Umschlag gestalten möchten, ab. Zur Buchhöhe geben Sie noch 3-4 mm dazu, zur Breite auf beiden Seiten ca. 6 cm zum Einschlagen in den Buchdeckel. Den ausgeschnittenen Kartonstreifen falten Sie nach vorheriger Abmessung von links viermal (zweimal für den Buchrücken und zweimal für den Buchdeckel). Die Anzahl der Motive richtet sich nach der Größe des Buchdeckels. Bei meinem Beispiel sind es zwölf identische Motive, die zu einem Rechteck aneinandergesetzt und zentriert auf der Vorderseite plaziert wurden. Mit Hilfe der auf Transparentpapier übertragenen Stechvorlage kann

man am leichtesten den optimalen Platz auf dem Buchdeckel finden. Zur Sicherheit können Sie die Stechvorlage mit einem kleinen Stück Klebeband auf dem gefalzten Karton vorsichtig fixieren. Damit Sie beim Spannen nicht den Überblick verlieren, spannen Sie ein Motiv nach dem anderen, wobei die Eckpunkte des einen Motivs immer die Eckpunkte des nächsten Motives sind.

TIP:

Setzt man das Einzelmotiv mehrmals aneinander (Fachbegriff: Rapport), lassen sich beliebig große Flächen schmücken. Angefangen von einer Postkarte mit vier bis sechs Motiven bis hin zu größeren Flächen als Wandschmuck. Und wenn Sie z. B. jedes zweite Motiv in einer anderen Farbe arbeiten, erhalten Sie ein schachbrettartiges Muster.

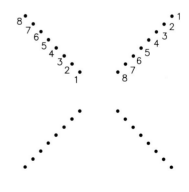

TISCHKARTEN

Da die Motive sehr klein sind, finden Sie alle originalgroßen Motive auf dieser Seite, die mit Zahlen versehenen Vergrößerungen auf dem Vorlagenbogen.

Material:
- Tonkarton in Weiß, 8 x 10 cm
- Evtl. Tonpapier in Weiß
- Nähgarn in Rot, Grün

Die Tischkarten haben eine Größe von 8 x 10 cm. Gefalzt werden sie der Länge nach bei 4,5 cm. Auf die größere Fläche spannen Sie die Fadengrafik. Auf die Rückseite des Motivs können Sie zusätzlich noch ein entsprechend großes Stück Tonpapier kleben.

Das **Quadrat** * wird nach fortlaufenden Zahlen gearbeitet. Man verbindet P.1 mit P.8, P.2 mit P.9, P.3 mit P.10 usw., d.h., Sie spannen die Fäden im Uhrzeigersinn um einen Punkt versetzt, bis Sie wieder am Ausgangspunkt angelangt sind. Zum Schluß laufen in jedem Punkt zwei Fäden zusammen.

Für den **Baum** * werden immer Punkte mit gleichen Zahlen verbunden. Sie beginnen bei P.1 (unterer Ast) und en-

den bei P.16 (Spitze). Die Zahlen sind für eine Hälfte des Baumes vorgegeben, die andere Seite arbeiten Sie spiegelverkehrt. Der unterste Teil des Stammes, d.h. drei Punkte, werden mit Nähstichen verbunden.

Die Zählvorlage für die **Blume** * zeigt ein Viertel. Auch hier wird im Uhrzeigersinn um einen Punkt versetzt gearbeitet. P.1 wird zu P.6 gespannt, P.2 zu P.7, P.3 zu P.8 usw., bis P.15 erreicht ist. Genauso arbeiten Sie die anderen Viertel.

Die **Welle** * * wird wie folgt gearbeitet: P.1 wird mit P.6, P.2 mit P.7 usw. verbunden. Arbeiten Sie jeweils um einen Punkt versetzt weiter im Uhrzeigersinn, bis Sie P.26 erreicht haben. Nun beginnen Sie neu bei P.24, der mit P.30 verbunden wird, und spannen, wie bereits beschrieben, weiter bis zu P.36. Anschließend gehen Sie zu P.33 zurück und verbinden ihn mit P.7.

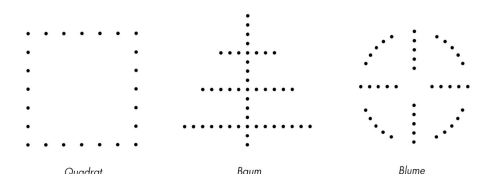

Quadrat   Baum   Blume

10

Die nächsten vier Punkte werden wie gewohnt gearbeitet, bis Sie P.40 erreicht haben. Jetzt sind es nur noch drei Fäden, die gespannt werden: P.38 zu P.41, P.39 zu P.42 und P.40 zu P.43.

Für den **Stern**✳ ist als Zählvorlage ein Sechstel angegeben. Verbinden Sie jeweils die Punkte, die die gleichen Zahlen tragen, und wiederholen Sie diesen Vorgang Segment für Segment, bis der Stern vollständig ist.

Beim **Herz**✳✳ wird P.1 mit P.11, P.2 mit P.12 usw. verbunden. Danach arbeiten Sie im Uhrzeigersinn um einen Punkt versetzt weiter, bis P.12 mit P.22 verbunden ist. Von diesem Punkt an wird immer in P.22 eingestochen, so daß allein von einer Herzseite 11 Fäden in diesem Punkt zusammenlaufen. Auf dieselbe Art und Weise arbeiten Sie die andere Herzhälfte.

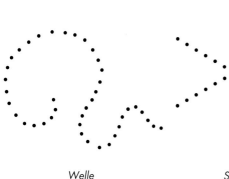

Welle   *Stern*   *Herz*

11

LESEZEICHEN *

Die originalgroßen Motive finden Sie auf dieser Seite, die vergrößerten Zählvorlagen auf dem Vorlagenbogen. Nur für den Stern sind die Zahlen bereits im Original angegeben. Das Lesezeichen mit Namen ist 5,5 x 14,5 cm groß, die drei anderen Motive sind auf je einem Tonkartonstreifen von 6 x 17 cm untergebracht. Um die Rückseite zu verdecken, schneiden Sie aus Tonpapier entweder einen zweiten Streifen gleicher Größe oder nur ein Quadrat von 6 x 6 cm zu. Damit bekleben Sie die Rückseite sauber.

Material:
➤ *Tonkarton in Schwarz*
➤ *Tonpapier in Schwarz*
➤ *Stärkeres Nähgarn in Weiß*

BLUME

Die Zählvorlage auf dem Vorlagenbogen beschreibt ein Viertel. Spannen Sie den Faden von P.1 zu P.8, von P.2 zu P.9, von P.3 zu P.10 usw. Im Uhrzeigersinn und um einen Punkt versetzt werden alle Punkte gespannt, bis Sie wieder bei P.1 angelangt sind.

STERN

In der Spannvorlage ist die Hälfte eines Viertels numeriert. Es werden immer die Punkte mit identischen Zahlen verbunden. Auf der gegenüberliegenden Seite wiederholen Sie diesen Vorgang spiegelverkehrt. Nachdem ein Viertel vollständig gespannt wurde, werden die anderen Segmente auf die gleiche Weise gearbeitet.

QUADRAT

Der Faden läuft von P.2 zu P.10, von P.4 zu P.12, von P.5 zu P.13 usw. Die Eckpunkte 3, 11, 19, 27 bleiben zunächst frei. Um einen Punkt versetzt im Uhrzeigersinn spannen Sie das komplette Quadrat. Zum Schluß werden die Eckpunkte mit den beiden jeweils benachbarten Punkten verbunden.

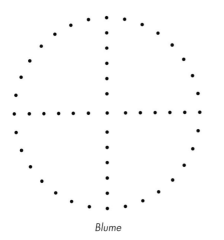

Blume

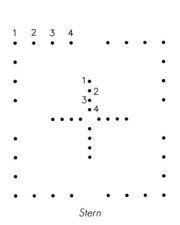

Stern

12

OVAL

Den ersten Faden ziehen Sie von P.1 zu P.22 und dann immer um einen Punkt versetzt entgegen dem Uhrzeigersinn, bis Sie P.43 erreicht haben. Wie in der Vorlage ersichtlich, laufen nur im P.22 zwei Fäden zusammen. Genauso arbeiten Sie die andere Hälfte des Ovals.

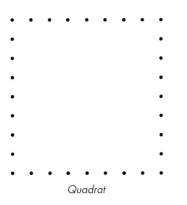

Quadrat

Oval

13

EINFACHER STERN UND STRAHLENKRANZ *

Hier sehen Sie zwei Motive in vier Varianten. Diese Anwendungen sollen verdeutlichen, welche Effekte man durch den Einsatz verschiedenfarbiger Garne erzielen kann. Die Zählvorlagen finden Sie auf dieser Seite, die originalgroßen Motive auf dem Vorlagenbogen.

Material:
- ↗ Zeichenkarton in Weiß, DIN A4
- ↗ Briefkarten in Weiß, DIN A6
- ↗ Klappkarten in Orange, DIN B6 und Rot, DIN lang
- ↗ Nähgarn in Orange, Rot, Grün

EINFACHER STERN

Dieses Motiv ist auf Briefkarten gespannt. Die Zählvorlage auf dieser Seite zeigt ein Segment. Es werden immer Punkte mit gleichen Zahlen verbunden. Bei der Geburtstagskarte wird nur mit orangefarbenem Garn gearbeitet. Der zweifarbige Stern wird mit grünem Garn begonnen. Die Punkte 1-5 spannen Sie grün, die Punkte 6-10 orange. Zum Schluß bekleben Sie die Rückseite mit einer weiteren Briefkarte.

STRAHLENKRANZ

Ein Sechstel des Motives ist als Zählvorlage angegeben. Auch bei diesem Motiv werden immer Punkte mit gleichen Zahlen verbunden. Man arbeitet Segment für Segment, bis der Kranz vollständig ist. Für die rote Karte wurde nur rotes Garn verwendet, für die orangefarbene werden die Segmente abwechselnd mit rotem und orangefarbenem Faden gespannt. Es bleibt Ihnen überlassen, ob Sie um das Motiv mit Hilfe eines Zirkels einen Kreis (ø 9,5 cm) ziehen oder ob Sie es quadratisch (9,5 x 9,5 cm) ausschneiden und auf die Karte kleben.

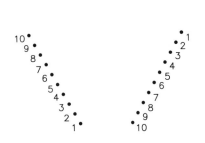

Einfacher Stern

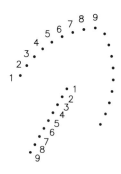

Strahlenkranz

14

Herzlichen Gruß
zum
Geburtstag !

Alles Gute !

Herzlichen
Glückwunsch

Viel Glück zum
Geburtstag

DREI KARTEN AUS EINER VORLAGE *

Hier sehen Sie besonders deutlich, welche Varianten die Technik des Faden-spannens ermöglicht. Mit nur einer Stechvorlage lassen sich drei vollkommen unterschiedlich wirkende Motive arbeiten. Auf die Rückseiten aller Karten kleben Sie eine weitere Briefkarte, damit die Karten beschrieben werden können. Die originalgroße Vorlage zum Durchstechen befindet sich auf dieser Seite. Die numerierten Spannvorlagen finden Sie auf dem Vorlagenbogen. Die Grundform aller Sterne sind Rhomben.

Material:
- Briefkarten in Weiß, DIN A6
- Nähgarn in Orange, Schwarz, Rot

STERN IN SCHWARZ

Hier wird in der Mitte zwischen zwei Rhomben gespannt. Beginnen Sie bei P.1, und verbinden Sie bis P.10 immer die Punkte gleicher Zahl. Dann spannt man die Seite, die spiegelverkehrt zu der eben gearbeiteten liegt. P.1 wird also mit P.11 verbunden, P.2 mit P.12 usw. Zum Schluß wird der weit auseinanderliegende Schenkel gespannt. Verbinden Sie P.11 mit P.10, P.12 mit P.9, P.13 mit P.8 usw.

Die kleine Linie wird wie angegeben gespannt. Den gesamten Vorgang wiederholen Sie noch viermal und erhalten so einen Stern, der als Negativfläche eine Blume bildet.

STERN IN ORANGE

Bei dieser Variante spannen Sie den ersten Faden von P.1 zu P.16. Dann arbeiten Sie um einen Punkt versetzt im Uhrzeigersinn weiter, bis Sie wieder bei P.1 angelangt sind. So arbeiten Sie auch die weiteren vier Rhomben, bis der Stern vollständig ist.

STERN IN ROT

Die Spannvorlage zeigt einen Rhombus, die Zahlen befinden sich in der Mitte des Sternes. Hier werden jeweils die Punkte mit gleicher Zahl verbunden. Der Vorgang wird für die gegenüberliegende Seite noch einmal wiederholt. Die Linien zwischen den Punkten geben kleine Spannfäden an.

17

MÜHLE **

Die originalgroße Vorlage, in welcher die Zahlen zum Spannen für ein Viertel angegeben sind, finden Sie auf dem Vorlagenbogen. Es werden immer Punkte mit gleichen Zahlen verbunden. Damit es nicht zu Verwechslungen kommt, sind jeweils zwei Spannfäden einer Zehnergruppe eingezeichnet.

Material:
- Zeichenkarton in Weiß, 14 x 14 cm
- Tonkarton in Rot, 34 x 17,5 cm
- Nähgarn in Rot

Sie benötigen quadratisch zugeschnittenen Zeichenkarton von mindestens 14 cm Seitenlänge. Die Karte besteht aus rotem Tonkarton, der in der Mitte gefaltet wurde.

TIP:

Wenn man immer die gleichen 10 Fäden in einer anderen Farbe arbeitet, kann man den räumlichen Effekt noch verstärken !

BLUMEN IN GELB, ORANGE UND ROT **

(Abbildung Seite 21)

Obwohl die Vorlage für alle drei Blumen identisch ist (nur bei einer Blume ist die Vorlage um einen Bogen erweitert), sind die Ergebnisse so verschieden. Die Unterschiede ergeben sich durch die Art des Spannens und durch den Einsatz verschiedenfarbiger Garne. Ein Blütenblatt als Spannvorlage sehen Sie auf Seite 20. Die originalgroßen Vorlagen zum Durchstechen finden Sie auf dem Vorlagenbogen.

Material:
- Zeichenkarton in Weiß, 10 x 10 cm
- Klappkarten in Gelb, DIN B6
- Nähgarn in Gelb, Orange, Rot

GELBE BLUME

Verbinden Sie im Uhrzeigersinn immer um einen Punkt versetzt P.1 mit P.11, P.2 mit P.12 usw. bis zu P.33. Durch die Punkte 11 – 23 werden also zwei Fäden geführt. Auf diese Weise spannen Sie ein Blütenblatt nach dem anderen, bis die Blume fertig ist.

(Fortsetzung Seite 20)

DREIFARBIGE BLUME

Beginnen Sie mit rotem Garn bei P.1, und spannen Sie den ersten Faden zu P.14. Danach werden noch drei weitere Fäden im Uhrzeigersinn versetzt bis P.17 gezogen. Diesen Vorgang wiederholen Sie spiegelverkehrt auf der rechten Seite des Blütenblattes, d.h. P.33 wird mit P.20 verbunden, P.32 mit P.19 usw. bis P.17, der zwei rote Fäden aufnimmt.

Jetzt setzen Sie das Spannen mit orangefarbenem Garn fort. P.4 wird mit P.18 verbunden, und wie bei der gelben Blume beschrieben, wird jeder weitere Faden bis P.29 um einen Punkt versetzt im Uhrzeigersinn gespannt. Jetzt sind alle Punkte mindestens einmal bespannt.

Zum Schluß wird mit gelbem Garn gearbeitet. Von P.1 läuft der erste Faden zu P.29, die weiteren vier Fäden laufen von P.2 zu P.30, von P.3 zu P.31, von P.4 zu P.32 und von P.5 zu P.33. Wenn auf diese Weise alle Blütenblätter gespannt sind, füllen Sie die Mitte. Dafür wird mit gelbem Faden jeder der sechs inneren Punkte mit jedem der anderen inneren Punkte verbunden, d.h. in jeden P.1 bzw. P.33 wird nochmals fünfmal eingestochen.

DREIFARBIGE BLUME
MIT 12 BLÜTENBLÄTTERN

Bei dieser Blume wird mit gelbem Garn begonnen. P.1 wird mit P.27 verbunden, P.2 mit P.28 usw., bis P.7 mit P.33 verbunden ist. Jetzt arbeitet man mit orangefarbenem Faden weiter von P.4 ausgehend. Dieser Punkt wird zu P.11 gespannt, und die folgenden Fäden laufen im Uhrzeigersinn immer um einen Punkt versetzt weiter bis zu P.30.

Nun werden die zusätzlichen Bogen gearbeitet, die weitere Blütenblätter darstellen. Sie bestehen aus den Punkten P.34-P.41. Diese Punkte sind in der Stechvorlage nicht separat beziffert. Stechen Sie in P.24 ein, und führen Sie den Faden zu P.38. Dann arbeiten Sie wie gewohnt im Uhrzeigersinn weiter bis zu P.10 des nächsten Blütenblattes. Nur im äußersten Punkt laufen zwei Fäden zusammen.

Sie können die Blumen mit Hilfe eines Zirkels rund (ø 10 cm) ausschneiden und auf die Karten kleben. Für die Karte mit der zwölfblättrigen Blume schneiden Sie in die Vorderseite der Karte mit einem Cutter ein Quadrat von ca. 9,5 cm Seitenlänge. Dieses hinterkleben Sie mit der Fadengrafik.

TIP:

Wenn Sie die Spannrichtungen der drei Blumen untereinander mischen bzw. vertauschen, erhalten Sie noch weitere, interessante Variationen der Blüten.

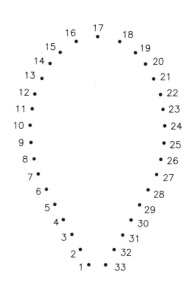

GROßE ROSETTE IN ROT *

Die numerierte Zählvorlage finden Sie auf dieser Seite, die originalgroße Vorlage zum Durchstechen finden Sie auf dem Vorlagenbogen.

Material:
- Zeichenkarton in Weiß, DIN A5
- Klappkarte in Rot, DIN A5
- Nähgarn in Rot

Nachdem Sie die Stechvorlage vorbereitet haben, schlägen Sie um das Motiv mit dem Zirkel einen entsprechend großen Kreis (ø 13 cm) und schneiden diesen aus. So können Sie besser arbeiten. Hier werden immer Punkte mit gleicher Zahl verbunden. In der Zählvorlage auf dieser Seite ist ein Segment dargestellt, welches sich noch siebenmal wiederholt. Im Segment selbst wird das Spannen der numerierten Punkte noch einmal spiegelverkehrt wiederholt. Da eine recht große Fläche bespannt wird, ist ein häufiges Anknoten der Arbeitsfäden nötig.

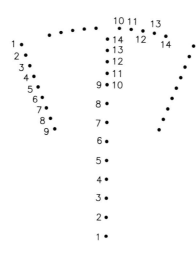

VIEL GLÜCK ***

Diese Karte ist etwas ganz Besonderes, denn hier besteht selbst die Schrift aus gespannten Fäden. In der originalgroßen Vorlage auf dieser Seite sind für die Schrift die Spannfäden durch Linien dargestellt, was das Nacharbeiten erleichtert.

Material:

- Briefkarte in Weiß, DIN A6
- Tonkarton in Rot, 16 x 23,5 cm
- Nähgarn in Schwarz und Grün

Die Fäden werden auf die Briefkarte gespannt. Alle vier Kleeblätter werden auf dieselbe Art und Weise gearbeitet, sie unterscheiden sich nur geringfügig in der Größe. Zuerst arbeiten Sie die linke Hälfte eines Blattes. Beginnen Sie bei P.1, und ziehen Sie den ersten Faden zu P.12, dann spannen Sie ihn von P.2 zu P.13 usw. Arbeiten Sie im Uhrzeigersinn um einen Punkt versetzt weiter, bis Sie die Mitte des Blattes (P.22) erreicht haben. Nun wird immer zu P.22 verbunden, d.h. in ihn wird insgesamt zehnmal eingestochen. Auf die gleiche Weise spannen Sie spiegelverkehrt die rechte Seite eines Kleeblattes. Der Stiel besteht aus gekreuzten, parallelen Fäden, von denen in der Vorlage einige als Linien zur Orientierung angegeben sind. Anschließend können Sie die Schrift spannen. Für die Karte falten Sie den roten Tonkarton in der Mitte zusammen. Darauf kleben Sie die Fadengrafik.

ROSETTE MIT BLAUEN PERLEN **

Die numerierte Zählvorlage finden Sie auf dieser Seite, die originalgroße Vorlage zum Durchstechen finden Sie auf dem Vorlagenbogen.

Material:

- ⌁ Zeichenkarton in Weiß, DIN A6
- ⌁ Klappkarte in Orange, DIN B6
- ⌁ Nähgarn in Orange
- ⌁ Glasperlen in Blau, ø ca. 0,2 cm
- ⌁ Perlennadel

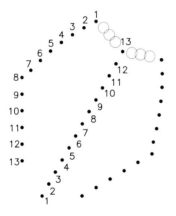

Nach dem Übertragen der Stechvorlage auf weißen Zeichenkarton schlagen Sie mit dem Zirkel einen Kreis (ø 10 cm) um das Motiv und schneiden ihn aus, um sich das Arbeiten zu erleichtern. Als Zählvorlage ist auf dieser Seite ein Segment angegeben, welches sich noch fünfmal wiederholt. Bei diesem Motiv werden immer gleiche Zahlen miteinander verbunden, beginnend bei P.1, endend bei P.13. Zusätzlich wird P.1 mit P.13 im Inneren der Rosette verbunden, so daß zum

Schluß ein kleiner Stern entsteht. Außen, zwischen P.1 und P.13, werden drei kleine, blaue Perlen aufgefädelt. Spiegelverkehrt wird dieser Vorgang auf der anderen Seite des Motives wiederholt. Falls Sie keine Perlennadel zur Verfügung haben, müssen Sie eventuell die Perlen nur mit dem Faden auffädeln und danach wieder die Nadel benutzen.

TAGEBUCH ** UND EINLADUNG *

(Abbildung Seite 28/29)

Die originalgroße, numerierte Vorlage zum Durchstechen finden Sie auf dem Vorlagenbogen.

Material:

- ⌁ Zeichenkarton im Weiß, DIN A4
- ⌁ Tonkarton in Rot 7 x 2 cm, Dunkelgrün, 14,5 x 10,5 cm
- ⌁ Scherenschnittpapier in Schwarz, DIN A4
- ⌁ Nähgarn in Rot, Dunkelgrün
- ⌁ Tagebuch, DIN A6

EINLADUNG

Nachdem Sie die Vorlage auf den weißen Zeichenkarton übertragen haben, schneiden Sie mit Hilfe von Lineal und Geodreieck um das Motiv herum ein Sechseck zum leichteren Arbeiten aus. Für den 12-zackigen Stern ist für das Spannen ein Zwölftel vorgegeben. Es werden immer Punkte mit gleichen Zahlen verbunden. Das nächste Segment wird immer spiegelverkehrt zum vorherigen gearbeitet.

Die Rosette für das Buch ist als Sechstel zum Spannen vorgegeben. Nachdem Sie das Motiv auf den Zeichenkarton übertragen haben, schlagen Sie um es mit dem Zirkel einen Kreis mit einem Radius von 4,5 cm und schneiden diesen aus. Auch hier werden immer die Punkte mit gleichen Zahlen verbunden. Die Punkte 1-9 werden mit rotem Garn verbunden, die Punkte 10-16 arbeiten Sie mit grünem Faden. Die vorgegebenen, numerierten Segmente werden spiegelverkehrt über die jeweiligen Achsen genauso gearbeitet. So arbeiten Sie zuerst in Rot das innere Teil und spannen dann die grünen Spitzen. Das Buch schlagen Sie mit dem Scherenschnittpapier ein und bekleben es dann mit dem Motiv und der Schrift.

FISCHE *

Die Fische sind ein sehr leicht zu arbeitendes und vielseitiges Motiv. Reizvoll ist auch die Verwendung verschiedener Farben innerhalb eines Motives. Die Stechvorlage befindet sich auf dieser Seite, die vergrößerte Zählvorlage auf dem Vorlagenbogen.

Material:

⚡ Zeichenkarton in Weiß
⚡ Tonkarton in Dunkelblau und Hellblau
⚡ Klappkarte in Hellblau, DIN A5
⚡ Schreibpapier in Weiß, DIN A4
⚡ Nähgarn in Hellblau, Dunkelblau, Rot
⚡ Dünne Textilkordel in Weiß, ca. 52 cm

TISCHKARTE

Dunkelblauer Tonkarton wird zu einem Streifen von 7,5 x 14,5 cm geschnitten. Danach wird das Motiv auf der linken Hälfte plaziert und fertig gearbeitet. Es werden immer Punkte mit gleichen Zahlen verbunden. Die Schwanzflosse wird, wie durch die Linien angegeben, gespannt. Die Punkte 1-5 und die Schwanzflosse werden mit rotem Garn gearbeitet. Die übrigen Punkte werden hellblau gespannt. Nach dem Spannen ziehen Sie auf der Rückseite bei 4,5 cm eine Linie für den Falz. Um den Fisch ziehen Sie im Abstand von 0,5 cm einen Rahmen. Die Linie um den Fisch über der Falzlinie wird nun mit einem Cutter durchtrennt, so daß der Fisch nach dem Falzen der Tischkarte in voller Größe erscheint.

EINLADUNG

Ein Quadrat von 21 cm Seitenlänge aus dunkelblauem Tonkarton wird in der Mitte gefalzt. Auf einen gleich langen und ca. 6 cm breiten, weißen Kartonstreifen wird das Einzelmotiv im gewünschten Abstand dreimal übertragen. Das Spannen erfolgt wie oben beschrieben. Die Punkte 1-5 sowie die Schwanzflosse sind hier hellblau, die übrigen Punkte blau verbunden.

FISCHREZEPTE

Die Stechvorlage für den Fischreigen finden Sie auf dem Vorlagenbogen. Die Fische sind etwas größer und haben mehr Spannpunkte, aber das Spannen erfolgt nach dem gleichen Prinzip. Hier sind die Punkte 1-6 und die Schwanzflosse mit Hellblau verbunden, die restlichen Punkte werden mit rotem Faden gespannt.
Nach dem Übertragen der Vorlage auf weißen Zeichenkarton wird mit dem Zirkel ein Kreis (ø 13 cm) um das Motiv geschlagen und ausgeschnitten. Nach dem Spannen kleben Sie den Fischreigen auf eine hellblaue Klappkarte. Weißes Schreibpapier wird in der Mitte gefalzt und in die Klappkarte eingelegt. Über den Falz von Klappkarte und Papier legen Sie eine schöne, nicht zu dicke Kordel und knoten diese so am unteren Ende zusammen, daß sie Halt gibt, aber Papier und Karton nicht einreißen.

Großmutters beste Fischrezepte

Onkel Dieter

Einladung zum großen Fischessen

SCHWARZER UND WEIBER STERN IM RAHMEN **

(Abbildung Seite 32)

Die numerierte Stechvorlage finden Sie auf dem Vorlagenbogen.

Material:
- ⚞ Tonkarton in Rot, Weiß, 18 x 18 cm
- ⚞ Stärkeres Nähgarn in Weiß, Schwarz
- ⚞ Bilderrahmen in Schwarz, 19 x 19 cm

Beide Motive leben vom starken Kontrast zwischen Papier und Faden, deshalb ist es wichtig, etwas stärkeres Garn zu verwenden. Bei beiden Motiven werden zum Spannen Punkte mit gleichen Zahlen miteinander verbunden. Auf dem Vorlagenbogen finden Sie jeweils ein mit Zahlen zum Spannen versehenes Segment. Innerhalb des Segmentes wird der Spannvorgang immer spiegelverkehrt wiederholt, und erst danach wird das nächste Segment begonnen.
In der Mitte des weißen Sternes werden zusätzlich Fäden von P.1 zu P.2 und von P.2 zu P.1 des benachbarten Segmentes gespannt. So entsteht in der Mitte noch ein kleiner Stern.

DREIFARBIGE ROSETTE ***

(Abbildung Seite 33)

Die numerierte Stechvorlage finden Sie auf dem Vorlagenbogen.

Material:
- ⚞ Zeichenkarton in Weiß, 12 x 12 cm
- ⚞ Klappkarte in Rot, DIN A5
- ⚞ Nähgarn in Gelb, Rot, Blau

Auf weißen Karton wird die Stechvorlage übertragen. Zur besseren Übersicht beim Spannen ist die Zählvorlage für das Innere und Äußere der Rosette getrennt vorgegeben.
Begonnen wird mit dem inneren, kleineren Teil in Gelb. Die Zählvorlage stellt ein Segment dar, welches sich noch fünfmal wiederholt. Der erste Faden läuft von P.1 zu P.7, der nächste von P.2 zu P.8 usw. Versetzt um einen Punkt werden so im Uhrzeigersinn alle weiteren Punkte gespannt. Diesen Vorgang wiederholen Sie Segment für Segment, bis die gelbe, innere Rosette fertig ist.
Jetzt wird nach der zweiten, größeren Vorlage mit rotem Garn gearbeitet. Nun wird im Zahlenbereich 0-5 gespannt. Es werden immer die Punkte mit gleicher Zahl verbunden. In der Vorlage ist nur eine Seite mit diesen Zahlen angegeben, der Spannvorgang wird noch einmal spiegelverkehrt in dem zweiten, kleinen Blütenblatt wiederholt. Danach füllen Sie die restlichen vier Blütenblätter und können anschließend mit den blauen, äußeren Blüten beginnen. P.1 wird mit P.7 verbunden, P.2 mit P.8 usw. Es wird also wieder im Uhrzeigersinn um einen Punkt versetzt bis zu P.23 gearbeitet. Danach werden zusätzlich die Punkte, die in der Vorlage mit einer Linie verbunden sind, gespannt. Nun müssen Sie nur noch die restlichen fünf Blätter spannen, dann ist die große Rosette fertig. Anschließend kleben Sie das Motiv auf die Karte.

OBJEKTE IN ROT
(Abbildung Seite 37)

Die Stech- und Zählvorlagen für diese Motive finden Sie auf dem Vorlagenbogen.

ROTE DOSE *

↗ Tonkarton in Rot
↗ Kräftiges Nähgarn in Weiß
↗ Gouache- oder Temperafarbe in Rot
↗ Matter Klarlack
↗ Pappmachéschachtel, 9 x 9 cm

Schneiden Sie den roten Tonkarton in der Größe des Deckelbodens zu. Die Dose bemalen Sie außen in der Farbe des Tonkartons und lackieren sie nach dem Trocknen mit mattem Klarlack. Den Deckelboden können Sie aussparen, da er von der Fadengrafik verdeckt wird. Um das Nacharbeiten zu erleichtern, ist die Zählvorlage in zwei Teilen dargestellt: ein Viertel und das innere Kreuz. Es werden immer Punkte mit gleichen Zahlen verbunden. Begonnen wird in der Mitte des Kreuzes. Wenn das Kreuz vollständig ist, arbeiten Sie nach der Vorlage für das Viertel. Das Spannen muß spiegelverkehrt innerhalb des Viertelsegmentes wiederholt werden. Zwischen den Deckelboden und den Deckel können Sie die Fadengrafik kleben oder klemmen.

SCHMETTERLING * * *

↗ Zeichenkarton in Weiß,
    15,5 x 11,5 cm
↗ Tonkarton in Rot, 17,5 x 13,5 cm
    und Dunkelblau, ca. 24,5 x 18 cm
↗ Nähgarn in Rot, Dunkelrot, Violett,
    Hellblau, Dunkelblau
↗ Bilderrahmen in Rot, 25 x 18,5 cm

Als Zählvorlage ist die Hälfte des Schmetterlinges innerhalb der Stechvorlage angegeben. Die Punkte sind durchnumeriert, aber nicht jeder Punkt ist mit seiner Zahl beschriftet. So behalten Sie die Übersicht.

Begonnen wird mit violettem Garn am linken Flügel. P.1 wird mit P.40 verbunden, P.2 mit P.41 usw. Arbeiten Sie immer im Uhrzeigersinn um einen Punkt versetzt, bis P.13 zu P.52 gespannt ist. Nun spannen Sie mit derselben Farbe spiegelverkehrt immer die gleichen Punkte am rechten Flügel. Achtung! Hier spannen Sie entgegen dem Uhrzeigersinn.

Weiter geht es mit dunkelrotem Garn, wieder um einen Punkt versetzt im Uhrzeigersinn. Von P.14 zu P.53 wird der erste Faden gespannt, der letzte von P.23 zu P.62. Anschließend spannen Sie ebenso mit rotem Garn beginnend von P.24 zu P.63, bis von P.39 zu P.78. Der Schmetterling nimmt nun schon Gestalt an.

Jetzt wird nur noch in Blautönen gearbeitet. Mit dunkelblauem Faden wird von P.87 zu P.70 gespannt und entgegem dem Uhrzeigersinn um einen Punkt versetzt weitergearbeitet, bis von P.79 zu P.62 ein Faden läuft. Mit Dunkelblau wird nun an den Flügelspitzen gespannt. P.13 wird mit P.98 verbunden, P.12 mit P.99 usw., bis P.1 mit P.110 verbunden ist.

Mit hellblauem Garn spannen Sie nun den Körper des Schmetterlinges. Verbinden Sie P.83 mit P.0, und spannen Sie wie beschrieben im Uhrzeigersinn weiter bis zu P.83 des rechten Flügels. Für die Fühler werden die Punkte P.E und P.D mit P.0 verbunden. Ziehen Sie den Faden am besten zweimal durch diese Punkte, damit die Fühler nicht so dünn wirken.

Nun arbeiten Sie mit dem gleichen Garn am Schwanzstück weiter. Von P.B läuft ein Faden zu P.102. Versetzt spannen Sie noch weitere vier Fäden, bis P.C mit P.98 verbunden ist. Jetzt wird mit hellblauem Faden weitergearbeitet. Beginnen Sie bei P.97, der zu P.C+1 gespannt wird. Es wird wie gewohnt immer weiter um einen Punkt versetzt im Uhrzeigersinn gespannt, bis P.87 zu P.A läuft. Die andere Seite arbeiten Sie symmetrisch.

ROTES HERZ IM RAHMEN ***

- Zeichenkarton in Weiß
- Nähgarn in Rot
- Gouache- oder Temperafarbe in Rot
- Matter Klarlack
- Pappmachérahmen mit Glas, 10 x 8 cm

Nachdem Sie das Glas entfernt haben, streichen Sie den Rahmen rot und lackieren ihn nach dem Trocknen mit Klarlack. In der Größe des Rückens, den man herausnehmen kann, schneiden Sie weißen Zeichenkarton zu. Die vergrößerte Vorlage zum Spannen auf dem Vorlagenbogen ist mit Zahlen und Linien versehen, um das Nacharbeiten zu erleichtern. Angefangen wird im Uhrzeigersinn versetzt um einen Punkt bei den numerierten Punkten. P.1 läuft zu P.10, P.2 zu P.11 usw., bis P.14 mit P.23 verbunden ist. Auf die gleiche Art spannen Sie die linke Seite. Dann wird der untere Teil des Motives, der als Linien vorgegeben ist, gespannt. Diesen Vorgang wiederholen Sie seitenverkehrt auf der rechten Seite.

WEIHNACHTS- STERNE *

(Abbildung Seite 38/39)

Die Vorlagen für die Sterne kennen Sie schon von verschiedenen anderen Objekten aus diesem Buch. Hier können Sie sehr schön erkennen, wie unterschiedlich die Motive alleine durch die Wahl eines anderen Garnes und Kartons wirken.
Da das goldfarbene Garn dicker und nicht so weich wie der übliche Nähfaden ist, sollten Sie die Nadel gleich in entsprechender Stärke wählen. Bei dem kräftigen, goldfarbenen Garn ist es von Vorteil, wenn Sie zum Bekleben der Rückseite die gleiche Kartonstärke wählen. Sie können auch die zweite Hälfte der Klappkarte zum Bekleben nutzen. Der Tonkarton für die blauen Karten wird jeweils zur Mitte gefalzt.

Material:

- Tonkarton in Dunkelblau, 21 x 17 bzw. 21 x 13 cm und in Weiß, DIN A5
- Klappkarte in Rot, DIN A5
- Nähgarn in Gold

6-ZACKIGER STERN

Siehe Seite 14.

12-ZACKIGER STERN

Siehe Einladung Seite 27.

(Fortsetzung auf Seite 40)

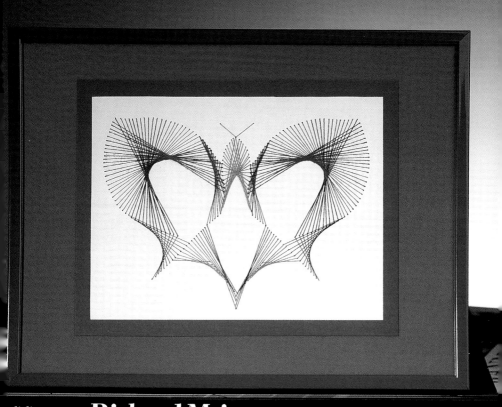

GROSSER STERN

Siehe Seite 22. Zusätzlich werden hier mit goldenem Lackstift Punkte an den kürzeren Spitzen aufgemalt.

GOLDENE SONNE

Hier werden immer Punkte mit gleicher Zahl verbunden. Dargestellt ist in der vergößerten Zählvorlage auf dem Vorlagenbogen ein Zehntel.

GESCHENKANHÄNGER

Die Stechvorlage in Originalgröße finden Sie auf dieser Seite und die Vergößerung mit den Zahlen auf dem Vorlagenbogen. Punkte mit gleichen Zahlen sowie Punkte, die in der Vorlage mit einem Strich versehen sind, werden verbunden. Die Rückseite wird mit einem gleichgroßen Stück Karton beklebt und am besten vorher beschriftet. Nach dem Arbeiten schneiden Sie das Motiv nach Belieben aus.

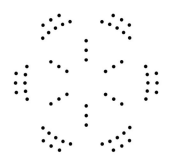

TIP:

Die kleinen Motive der Tischkarten von Seite 10 eignen sich ebenfalls besonders gut für individuelle Geschenkanhänger!

FENSTERSCHMUCK

Sauber durchstochene Vorlagen aus Tonkarton ergeben, gegen das Licht gehalten, reizvolle Objekte. Da sie an Sterne oder Schneeflocken erinnern, können sie zur Weihnachtszeit Ihre Fenster schmücken. Hier wurde die Vorlage von Seite 27 noch um einen doppelten Rand erweitert, aber auch viele andere Motive aus diesem Buch eignen sich für diese schmückende Variante. Sie können diese Motive beliebig ausschneiden.

SEGELSCHIFF ***

Dieses große Objekt ist einfacher, als es aussieht. Viele Elemente wiederholen sich mehrmals. Sie müssen allerdings etwas Fleiß aufbringen, ehe Sie den Dreimaster zu Wasser lassen können. Die Vorlage zum Durchstechen und zum Spannen ist identisch. Sie finden Sie auf dem Vorlagenbogen.

Material:
⚓ Tonkarton in Mittelblau, DIN A4
⚓ Stärkeres Nähgarn in Weiß, Dunkelblau, Rot
⚓ Rahmen aus Holz, DIN A4

Es wird immer nur ein Segeltyp beschrieben, die anderen werden genauso gearbeitet. Die in der Vorlage als Linien angegebenen Fäden werden in der entsprechenden Farbe (siehe Abbildung) gespannt und nicht zusätzlich beschrieben.
Man beginnt mit den drei Masten in Dunkelblau. Rot arbeiten Sie dann den

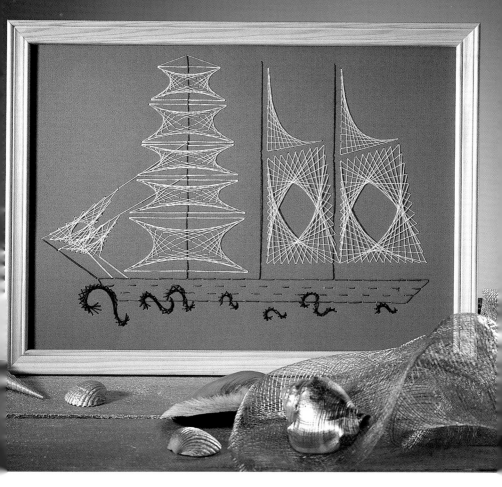

Rumpf des Schiffes gemäß der angegebenen Linien. Danach beginnen Sie mit den fünf Segeln des vorderen Mastes. Ein Segel besteht immer aus vier Segmenten. Bei zwei Segeln ist jeweils ein Segment mit Zahlen versehen. Es werden immer Punkte, die gleiche Zahlen tragen, verbunden. Nach diesem Prinzip arbeiten Sie Segment für Segment.

Für das große Segel der hinteren Masten wird nach fortlaufenden Zahlen gearbeitet. Verbinden Sie also P.1 mit P.16, P.2 mit P.17 usw. Es wird um einen Punkt versetzt im Uhrzeigersinn weitergearbeitet, bis Sie wieder bei P.1 angelangt sind. Bei den dreieckigen, oberen Segeln werden wieder Punkte mit gleichen Zahlen verbunden. Für die Bugsegel arbeiten Sie wieder im Uhrzeigersinn reihum, bis Sie bei P.1 angelangt sind. Es ist weniger verwirrend, wenn Sie mit dem oberen Segel beginnen, da sich beide überlappen. Für die dunkelblauen Wellen orientieren Sie sich an der Beschreibung der Tischkarte, Motiv Welle, auf S.10 und arbeiten die kleineren nach diesem Prinzip frei nach.

GRÜNE DOSE UND DOSE MIT ROTEN PERLEN

Die Stechvorlagen, die auch die Zahlen zum Spannen enthalten, finden Sie auf dem Vorlagenbogen. Für beide Dosen benötigen Sie dickere Nadeln, da mit kräftigem Garn gearbeitet wird und die Löcher entsprechend groß durchstochen werden müssen.

Material:

- Tonkarton in Schwarz und Dunkelgrün, ca. DIN A5
- Dünne Paketschnur oder Sattlergarn
- Naturfarbenes Häkelgarn
- 10 rote Holzperlen, ø ca. 5 mm
- Pappmachédosen, ø 14 und 12,5 cm

DOSE MIT ROTEN HOLZPERLEN *

Auf den schwarzen Tonkarton wird die Stechvorlage, die auch die Zahlen zum Spannen enthält, mittig plaziert. Mit Hilfe eines Zirkels zeichnen Sie um das Motiv einen Kreis (ø 12,5 cm) und schneiden diesen aus. Zum Spannen verwenden Sie Sattlergarn. Es wird im Uhrzeigersinnn nach fortlaufenden Zahlen um je einen Punkt versetzt gearbeitet, d. h. P.1 läuft zu P.6, P.2 zu P.7 usw., bis P.10 mit P. 15 verbunden ist. Nun spannen Sie zusätzlich noch je einen Faden von P.5 zu P.6 und von P.10 zu P.11. Dazwischen wird, wie auf der Vorlage eingezeichnet, jeweils eine rote Perle gefädelt. Vorher sollten Sie unbedingt ausprobieren, ob die Fadenstärke für die Perlenöffnung geeignet ist. Dieses fertige Segment wiederholen Sie noch viermal, dann ist das rosettenartige Motiv für die Dose fertig, und Sie können die Fadengrafik zwischen den Deckel und den Deckelboden klemmen oder kleben.

GRÜNE DOSE **

Zum Spannen auf grünen Tonkarton wird hier naturfarbenes Häkelgarn verwendet. Schlagen Sie um die Stechvorlage einen Kreis (ø 14 cm), und schneiden Sie diesen aus. Die Zählvorlage besteht zum besseren Nacharbeiten aus zwei Teilen. Begonnen wird im windradähnlichen inneren Teil. Es werden mit P.1 beginnend immer Punkte mit gleichen Ziffern verbunden. Danach wiederholen Sie das kleine Segment noch fünfmal und arbeiten nun den äußeren Rand. P.0 wird mit P.0, P.1 mit P.1, P.2 mit P.2 verbunden etc., bis wieder P.0 mit P.0 verbunden ist. Jetzt wird im Uhrzeigersinn versetzt um einen Punkt nach fortlaufenden Zahlen gearbeitet. P.1 läuft zu P.7, P.2 zu P.8, P.3 zu P.9 usw., bis der letzte Faden von P.17 zu P.23 läuft. So wird Segment für Segment der gesamte Rand gearbeitet. Das fertige Motiv kann zwischen Deckelboden und -rand geklemmt oder geklebt werden, und die Dose ist fertig.

LIBELLE ***

Dieses Insekt ist etwas für Fortgeschrittene. Sie sollten bereits einige Objekte nachgearbeitet haben, ehe Sie die Libelle spannen. Die originalgroße Vorlage zum Stechen auf dem Vorlagenbogen beinhaltet gleichzeitig die Zahlenvorgaben.

Material:
- Zeichenkarton in Weiß, 21 x 14,5 cm
- Tonkarton in Violett, 23 x 16,5 cm
- Nähgarn in Hellblau, Dunkelblau, Flieder, Violett

Die angegebenen Punkte sind durchnumeriert, aber zur besseren Übersicht nicht alle mit ihrer Zahl versehen.

Beginnen Sie am linken, oberen Flügel mit hellblauem Garn, und spannen Sie drei Fäden: P.15 zu P.41, P.16 zu P.42 und P.17 zu P.43. Es ist von großem Vorteil, wenn Sie immer sofort mit derselben Farbe die Spannvorgänge auf dem gegenüberliegenden Flügel wiederholen. Das erleichtert das Arbeiten und Sie kommen insgesamt schneller voran. Jetzt wird von P.1 beginnend mit Flieder weitergearbeitet. P.1 wird mit P.18 verbunden, P.2 mit P.19 usw. Entgegen dem Uhrzeigersinn spannen Sie den Faden weiter um einen Punkt versetzt, bis P.15 mit P.31 verbunden ist.

Nun fädeln Sie violettes Garn ein. P.16 wird mit P.32 verbunden, und um einen Punkt versetzt arbeiten Sie wie oben beschrieben weiter, bis P.36 mit P.2 verbunden ist. Wenn Sie den zweiten Flügel immer gleich gearbeitet haben, sind jetzt die oberen Flügel fertig.

Nun beginnen Sie wieder mit Hellblau. Diese Fäden sind in der Vorlage als Linien angegeben und werden so nachgearbeitet. Weiter geht es mit dunkelblauem Garn bei P.72. Dieser wird mit P.51 verbunden. Um einen Punkt versetzt und entgegen dem Uhrzeigersinn spannen Sie den Faden bis P.14, der mit P.56 verbunden wird.

Bei P.47 beginnen Sie neu. Der dunkelblaue Faden läuft zu P. 58. Danach wird wieder entgegen dem Uhrzeigersinn versetzt um einen Punkt weitergearbeitet, bis der letzte Faden von P.66 zu P.15 gespannt ist. Zusätzlich werden nun Fäden von P.46 zu P.57 und zu P.66, von P.12 zu P.57, von P.10 zu P.55, von P.9 zu P.56, von P.8 zu P.53 und von P.7 zu P.54 gezogen.

Jetzt können Kopf und Körper gearbeitet werden. Zuerst werden dunkelblaue Fäden waagerecht, wie in der Vorlage eingezeichnet, gespannt. Jetzt fädeln Sie fliederfarbenes Garn ein. Von P.15 zu P.B spannen Sie den ersten Faden, und danach geht es im Uhrzeigersinn versetzt weiter, bis P.B* mit P.15* verbunden ist. Mit derselben Farbe arbeiten Sie nun das Schwanzstück nach, welches in der Vorlage durch Linien angegeben ist. Danach geht es mit Dunkelblau weiter.

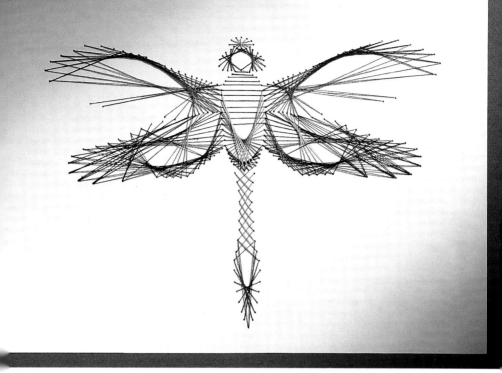

An der Schwanzspitze wird P.1 mit P.10 verbunden. Arbeiten Sie im Uhrzeigersinn weiter, bis der letzte Faden von P.10 zu P.19 läuft. Jetzt wird am Körper mit Dunkelblau weitergearbeitet. Von P.70 wird zu P.S gespannt, dann weiter versetzt wie gewohnt, bis P.S mit P.70* verbunden ist. Darüber werden noch hellblaue Fäden gezogen: P.19 zu P.S, P.18 zu P.S+1, P.17 zu P.S+2, P.16 zu P.S+3. Symmetrisch wird der Vorgang wiederholt. Mit gleichem Garn arbeiten Sie die Spitze des Kopfes wie einen Stern. Je ein Faden wird zwischen zwei genau gegenüberliegenden Punkten gespannt. Jetzt fehlt nur noch der Kopf in Violett. P.A läuft zu P.C, danach wird versetzt im Uhrzeigersinn sechsmal der Faden gespannt. Diesen Vorgang wiederholen Sie gegengleich noch einmal.

SCHWEBENDE WÜRFEL ***

(Abbildung Seite 46/47)

Dieses beeindruckende, räumlich wirkende Objekt besteht aus drei Flächen, die alle auf die gleiche Art und Weise gespannt werden. Da die Flächen mit gleicher Ansicht immer mit gleicher Farbe gespannt werden, ist das Nacharbeiten nicht schwer, sondern eher eine Frage der Ausdauer. Die Vorlage zum Durchstechen und Spannen finden Sie auf dem Vorlagenbogen.

Material:
↗ Zeichenkarton in Weiß, 19 x 25 cm
↗ Tonkarton in Schwarz, 24 x 30 cm
↗ Nähgarn in Grau, Rot, Schwarz

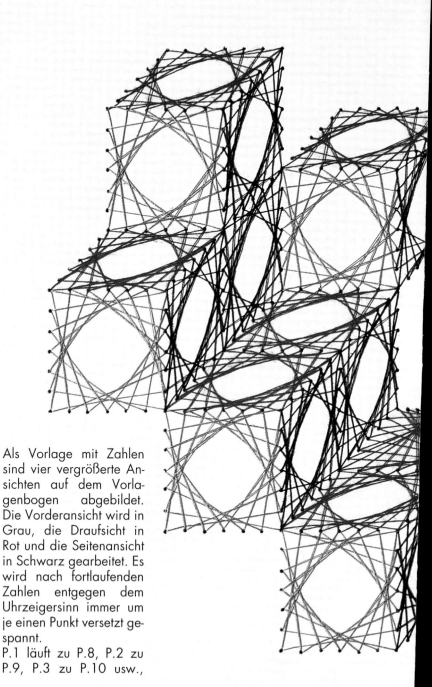

Als Vorlage mit Zahlen
sind vier vergrößerte An-
sichten auf dem Vorla-
genbogen abgebildet.
Die Vorderansicht wird in
Grau, die Draufsicht in
Rot und die Seitenansicht
in Schwarz gearbeitet. Es
wird nach fortlaufenden
Zahlen entgegen dem
Uhrzeigersinn immer um
je einen Punkt versetzt gespannt.
P.1 läuft zu P.8, P.2 zu
P.9, P.3 zu P.10 usw.,

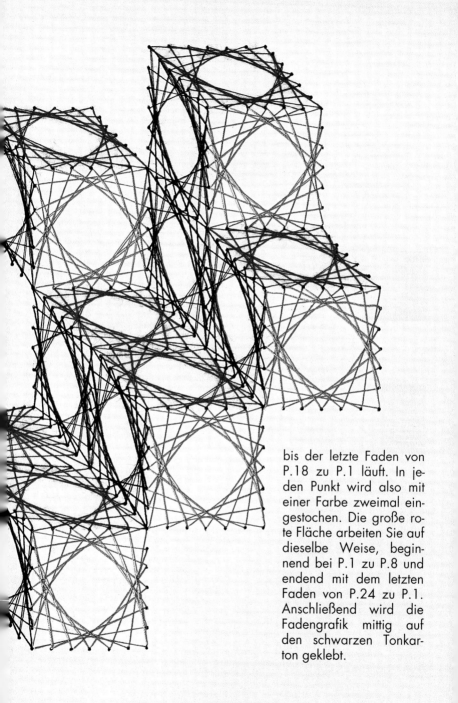

bis der letzte Faden von P.18 zu P.1 läuft. In jeden Punkt wird also mit einer Farbe zweimal eingestochen. Die große rote Fläche arbeiten Sie auf dieselbe Weise, beginnend bei P.1 zu P.8 und endend mit dem letzten Faden von P.24 zu P.1. Anschließend wird die Fadengrafik mittig auf den schwarzen Tonkarton geklebt.

FROTTAGEN

Eine wunderschöne und reizvolle Möglichkeit, die mit viel Liebe und Mühe angefertigten Fadengrafiken zu vervielfältigen, ermöglichen sogenannte Frottagen. Mit dieser Technik eröffnen sich weitere Anwendungsmöglichkeiten. Dazu legen Sie auf eine Fadengrafik dünnes Papier (z.B. Schreibpapier) und fahren mit einem sehr weichen Bleistift oder einer losen Mie-ne unter leichtem Druck über die darunterliegende Arbeit. So zeichnen sich die leicht erhöht liegenden Fäden auf dem Papier ab, und es ensteht sehr schnell ein attraktives Abbild der Fadengrafik. Um ein starkes Verwischen zu vermeiden , kann man die Frottagen zusätzlich mit Fixativspray überspühen.